청어詩人選 87

나 머물던 그 자리

오점록 시집

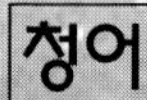

나 머물던 그 자리

오점록 지음

발행처 · 도서출판 **청어**
발행인 · 이영철
기 획 · 최윤영 | 김홍순
영 업 · 이동호
편 집 · 김영신 | 방세화
디자인 · 김바라 | 오주연
제작부장 · 공병한
인 쇄 · 두리터

등 록 · 1999년 5월 3일(제22-1541호)

1판 1쇄 인쇄 · 2011년 10월 10일
1판 1쇄 발행 · 2011년 10월 20일

주소 · 서울시 서초구 서초동 1588-1 신성빌딩 A동 412호
대표전화 · 586-0477
팩시밀리 · 586-0478

블로그 · http://blog.naver.com/ppi20
E-mail · ppi20@hanmail.net
ISBN · 978-89-94638-68-3 (03810)

나 머물던 그 자리

| 시인의 말 |

두 번째 시집 『나 머물던 그 자리』를 묶게 되어 무척 기쁘다.

1999년에 첫 시집 『쉼표가 머무는 解憂所』를 내고 나서 12년 만이다.

막상 출간이 결정되고 보니 두려움이 앞선다.

글은 허기를 채우는 양식은 아니나 정신을 살찌우는 양식이라는 생각 때문이다.

내 글이 과연 누군가의 정신을 살찌울 수 있을까.

단 한 편의 글이라도 독자들의 공감을 얻기를 원하면서 다시금 용기를 얻는다.

직장생활을 하면서 틈틈이 써온 글이다.

'세상 사는 이야기' 가 담겨 있다.

내 성장기는 농촌의 영향을 많이 받았다. 돌아보면 참으로 행복을 타고났던 것 같다.

또 그렇게 믿으며 분수에 맞게 살고자 한다.

내가 만나온 모든 인연에게 감사하다.

특히 나의 아내 양현경과 민영, 병준, 그리고 우리 형제 내외들에게 참 고맙다.

또 모두와 같이 행복을 누리려 한다.

미완성되어 어줍은 글들은 이번에 싣지 못하고 다음을 또 기약해본다.

실은 어느 글이 미완성인지, 또 어느 글이 독자와 공감할지 나도 모르겠다.

이 시집을 출판해주신 청어출판사에 고마움의 마음을 전한다.

農心 오정흑

c·o·n·t·e·n·t·s

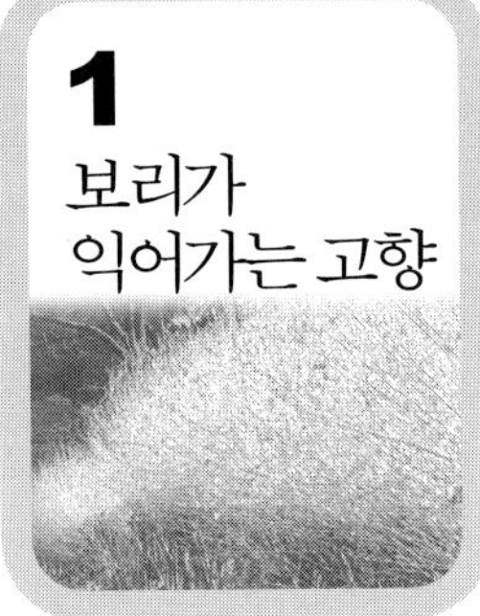

3
매미의 청혼가

4
지리산 연가

· · · · · 나 머물던 그 자리

1
보리가 익어가는 고향

푸른 보리 밭둑에서
나뭇가지 모아
모닥불에 보리 구워
손바닥으로 껍질 벗기며
군침 흐를 때
한입에 넣는 그 맛

• • • • • 나 머물던 그 자리

산촌(山村)에서

바람도 잠들어
고요함이 내려앉은 햇살
간밤 내린 눈은
하얀 이불 되어
산촌을 살포시 덮어
모두를 감춰버렸다

구불구불 논두렁
핏줄처럼 맥을 잇고
백향(白香)을 머금어 눈꽃 피우는 나목
신선의 찬사가 아깝지 않을
신비로움의 자태

작은 실개천을 오르니
손을 호호 불며 썰매를 탔을
다랑다랑 논배미 그곳에는
까까머리 오간 데 없고
잃어버린 썰매 찾는다

아영(阿英)

어머니 산이라 불리는
남쪽의 영산 지리산 줄기이다
돌아돌아 산길을 오르면
해발 사백팔십 미터
구름이 손닿은 지리산 휴게소
풍천의 물길 따라 오르면
그 광활한 황금 들녘
기름진 옥토 지평이 열리고
산간오지의 고원
봉화산으로 둘러진다

전라도와 경상도를 잇는
매치재
장수와 남원 경계 이룬
봉화산 기슭 짓재
우뚝 선 연비산 너머
경상도에서 햇살이 퍼진다
작은 모산 안산
중학교, 초등학교, 면사무소, 우체국, 파출지서,
농협, 신협, 작은 기관들이
올망졸망 더불어 사는데

예쁜 광주리 속
과일을 살팡지게 담은 듯
아늑한 고향 아영(阿英)이다

보리가 익어가는 고향

나의 고향 봉화산
연두색 녹음으로 짙어가니
뻐꾹뻐꾹 메아리
내게로 돌아오는데
써레질하는 황소는
우적우적 논배미 휘젓는다

코흘리개 아이들은
푸른 보리 밭둑에서
나뭇가지 모아 모닥불에 보리 구워
손바닥으로 껍질 벗기며
군침 흐를 때
한입에 넣는 그 맛

그 맛은
비릿한 내음이 있으면서
쫄깃하고 상큼하여
입맛을 돋우어
시골에서만 맛볼 수 있었던
고향의 참맛

정신없이 먹다가
서로는 마주보며
볼가에 까맣게 얼룩진 줄 몰라
자지러지는 한바탕 웃음 만들고
싱그러운 유월에
정겨움이 묻어나는 보리 내음

회향(回鄕)

지나온
나의 어린 추억의 길
되돌리듯이
주억주억 필름을 되돌리면서
버스를 타고 간다

뒷좌석 꽁무니에선
질펀하게
흙먼지 날리면
내 몸을 덮으려 따라오던 흙먼지에
엉덩이 들썩이는
고향의 신작로

이제는
차선이 그어져 맥질한 아스팔트 위로
추억을
더듬으며 고향을 간다

마천양반

마천양반 어른은 오로지 땅만 믿으시며
쉼 없이 일을 하신다
누구에게도
싫은 소리 하실 줄 모르는 노인
젊으셨을 때 황소의 힘이요
나뭇짐이 들어오면 태산이었다

힘이 근동(近洞)에서 장사라 하였다
지리산에서 벌목을 할 적에
버거운 짐 맡으시고
지게가 없어진 지 이미 오래
구십이 가까운데 풀 짐을 하신다
자녀들이 말려도 소용없다
몸에 밴 일의 습관
나는 졸수(卒壽)*에 뭘 하고 있을까

*졸수(卒壽) : 90세를 이르는 말로 또는 동리(凍梨)라고 한다. 동리(凍梨)는 언(凍) 배(梨)라는 뜻으로, 90세가 되면 얼굴에 반점이 생겨 언 배 껍질 같다는 데서 유래되었다.

주막(酒幕)

신작로 시오리를 걸어
시골 오일장을 가자며
이웃을 불러 길동무 청하고
장보기 돈 없으면
쌀이나 콩, 고추를 팔아서
명태 두세 마리
미역 한 가닥 둘러메고
무거워 터덕이는
다리를 풀어 목을 축이며
푸념을 들어주던 곳

구전(口傳)으로 들어오던
새로운 상품과 문화들을
눈요기로 접하고
사돈을 만나서
옆집 큰애기 중매 이야기며
신천지를 다녀온 듯
목청을 한껏 돋우어 자랑 삼는 수다들
걸쭉한 시장 이야기는
찌그러진 양은 주전자마냥
떠들썩한 주막의 풍경

그 시절의 노래

어린 그 시절
사금파리는 무서웠다
기다란 골목을 맨발로 놀면서
진흙투성이 자연 속에서
어둠이 오는 것도 모르고
골목에서 딱지치기 하였다

문전옥답
봄이 오면 나무못 치기
가을이면 짚 뭉치로 공차기
겨울이면 물을 대어
얼음썰매 타던 내 고향
해가 저물어간다

저녁노을 물들 즈음
저녁 먹어라 불러주시던
어머님의 목소리
지금도 아롱아롱 들릴 듯하고
긴 고랑 진 어른의 얼굴
긴 세월에 물끄러미 바라본다

향수(鄕愁)

잘살아보자
잘살아보세
칠십 년대 새마을운동으로
지도자님과 이장님
십자의 굴레를 지고
존경과 덕망
한 몸에 받으시던 어른님들
땅 주인에게
갖은 수모로 구걸하였었다

네 땅이 아니라 그러냐?
고함과 삿대질 속에
짱짱한 아집들의 무지(無知)
맞고함 소리들은 칼바람 일듯
골목골목을 후비면서
살기 좋은 새마을
내 고향 만들었건만

담장은 무너져서
새마을표 시멘트 기와는
잡초에 무성하게 뒤얽히고
어른의 기침 소리
귓전을 돌다 허공에 날린다

고향의 석양

벽오동은 담장에 기대어
자주색 꽃을 피운다
시오리 시장도 모르는
순박한 댕기소녀
키워가는 벽오동 꽃잎마냥
티 없이 맑게 피어오른 눈망울
기다리는 벽오동 마음이다

산 그림자 따라
마을에는 연기들이 듬성듬성
희뽀오얀 구름으로 넘나들고
어둠과 밝음 선을 그은 석양은
하루를 잠시 쉬어 가려는지
앞산에 길게 걸터앉았다

불어오는 바람
오동잎 익어가고
익어가는 들판이 주는 눈웃음 속에
산 그림자 미소 지을 때
지는 햇살 초승달 키우듯
복스런 댕기소녀
지붕의 박처럼 예쁘게 익어간다

임진각에서

나의고향 황해도는
손뻗으면 닿을듯해
곧게뻗은 남북철도
도라산역 종점이니
고향방문 기약없네

목포에서 신의주역
부산에서 청진나진
오고가는 귀향열차
자연경관 훼손하는
철의장막 걷자하네

청령포에서

열두배기 어린단종
목이메인 울음으로
수양숙부 부르다가
눈물마저 지쳤구나

굽이굽이 따르는길
머리서는 첩첩산중
한양천리 어디인고
東江너는 알으리라

황톳물이 출렁이듯
세상만사 출렁이고
수양대군 흐린물살
하늘마저 무거운데

둘러삼면 동강이요
뒤를보니 병풍절벽
사방팔방 돌아봐도
열린곳은 하늘이라

고향 풍경

논배미 허수아비 허허웃음
날마다 변함없이 손짓하고
노을진 너른들판 둘러보니
마음이 풍족하여 바램없다

황소가 살찌움은 시월인가
망태기 다북다북 풀을담고
풀벌레 울어대던 너른들판
반딧불 깜박이던 나의고향

섬마을 선생님

해당화 피고 지는 섬마을에
철새 따라 찾아온 총각 선생님
…서울엘랑 가지를 마오…

사춘기가 솔솔 피어나는
풋내음 시절
라디오 연속극으로 꽃을 피웠던
인천시 옹진군
자월면 대이작도
원작지(原作地) 계남분교
자그마한 어촌
언덕배기를 오른다

학교 운동장은
시골 작은 타작마당
계단을 오르는 양쪽
향나무가 장승처럼 서 있고
주인을 잃은
단 한 칸의 교실 흑판에는
분필도 없고
걸상 몇 개가 덩그러니

얼룩진 먼지만 자욱한데
그토록 그리던
열아홉 살 섬 색시도
총각 선생님도
나를 기다리지 않았네

아영국교 39회 동창

넓은 운동장에는
까까머리들이
단발머리들이
고무줄놀이 공기놀이
공차기에 운동장이 왁자하다
땡땡땡– 땡땡땡–
아영국민학교 시작종이 울린다

보고만 있어도 좋을 꽃봉오리들
생각만 하여도 좋을
옛 추억이 주억주억 돋아난다
'홍익인간'
국교의 상징인 표석과
교정에 소나무가 컸으니
하얀 머리카락은
찬 서리 내리는 입동의 계절인가
그 초목들이 움츠리듯
동토에 차가운 바람일지라도
기다리는 유년의 마음이다

6년이란 꿈을 키우던
여리디여린 무궁화꽃
아직 이루지 못한 꿈의 꽃들이지만
꿈과 웃음이 묻어 있는 동창들
그 꿈의 꽃들인데
살다 보니 모두가 보고 싶다

비로봉에서

비로봉(毘盧峰)
정상을 오르는 사람들이
얼마나 포옹을 하고
손도장을 찍었으면
표석(漂石)이 반지르르하다

비로봉
정상을 오르는 사람들은
표석을 부여안고
카메라 앵글은
연출자에 맞추어
흔적을 남기려 한다

비로봉
정상을 오르는 사람들은
자신을
허공에 올려놓고
정복자(征服者) 흉내일까
천상인(天上人) 흉내일까

오대산 전나무

나는
나로 하여금
살아옴이 반듯하다
죽어서도
나는 반듯한 전나무다

나는
나로 하여금
살아옴이 반듯하다
죽어서도
나는 반듯한 사람일까?

북한산 나목들

옷을 벗은 나무들은 자연의 섭리로
신비로움이 가득하도록 싹을 틔우고
싱싱함을 보여주면서
그 누구의 그늘도 되어보았기에
열심히 살면서도 세상만사
훌훌 털어 속내를 감추어버리고
나만의 아집(我執)에서
잠시 돌아보는 생각에 젖어본다

꼬깃꼬깃한 할머니 쌈짓돈 풀어내듯
아름다운 추억으로 새겨진 사계절
나의 발을 동여매는 동토에서
휘몰이하는 눈보라도
살을 에는 듯한 혹한의 추위도 잊은 채
조용히 숨죽이면서
자숙(自肅)으로 몇 달 동안 장고를 거듭하고
아지랑이 피어오르면
기다림의 그대가 있음을 안다

내가 그 자리에 있음은
그 불편함보다는
고마운 한 그루의 나무가 되고
한 그루터기 나무라기보다
그대에게 유산소를 드리는
나무이고 싶은 게다

아막성(阿幕城) 철쭉

삼국시대
머언 옛날을 더듬어 가면
아막산성을 두고
두 군주가 힘겨루기 하였는데
말없는 세월에 흩어진
산성 터 돌들은
백제가 점령하면
아막성(阿幕城)이요
신라가 점령하면
모산성(母山城)이었다

간밤 소란스럽던 산성
어둠을 잠재운 아침은 고요한데
모산성 아닌 아막성 깃발이다
깃발이 바뀌는 틈새에서
농사일은 여가로 미룬 채
강제 동원되었을 흔적이니
앓아가는 몸살로
북하면(北下面) 민초들의 영령은
피고름 묻어나는 애환이 있어
붉은 철쭉으로 피었다

안동 하회마을

안동 하회마을은
풍산 류씨(柳氏) 터를 닦아
솟을대문에 사랑채와 별당
도사(都事)를 지낸 류도성의 북촌댁
한 시대를 풍미하였던
양반가의 마을
안동시 하회리

하회리 강 저편
병풍처럼 둘러진 절벽
드넓은 둔치
송림(松林)으로 어우러진 강변
동네 감싸 안으며
휘돌아 흐르는 낙동강
그리하여 하회마을이라네

금강산 건봉사
— 강원 고성 건봉사 영도스님 뵈오러

천 년을 두고서도
백 년의 세월들이 몇 번인가
반세기를 넘고 넘어
북에서 남쪽으로
한 줄로 이어진 봉우리들이
병풍처럼 둘러져 맺음한 곳
금강산 건봉사(乾鳳寺)

일만이천 봉우리마다
일만이천 촛불들이
일만이천 아기부처들이 모여
부처님 몸에 흐르는 자비로
금강의 대자연이 부처이니
살아 숨 쉬는 적멸보궁

관세음보살 나무아미타불
관세음보살 나무아미타불
무수한 주춧돌 절터를 보면서
건봉사를 복원하고자 기원하니
욕심을 비우지 못한
도 닦는 선의 경지에 이르지 못한 채
두 손 모아보는 능파교(凌波橋)

억새

억새들의 초원 잔치인가
싱그러움 가득한
천관산 능선은 장관이라
억새풀들은
허리를 굽히는 것인지
반가워 부르는 것인지
꼬리 깃 세우며
바람 따라 하늘거림이다

설레임에 반가운 포옹인가
섬뜩,
쓰리다 싶어 보았더니
선명하게 두 줄기 돋아나는 핏빛
새끼호랑이 발톱
팔뚝에 선을 그었다
너무도 보기 좋아 쓰다듬었는데

억새, 이름값을 톡톡히 한다

시월에

풀-
풀 망태기 넘실대니
황소는
시월이 한가롭고

너울너울
긴 산 그림자에
솔향기
묻어나는 내 고향

해 지는 줄 모르는
허수아비는
큰 눈망울로
고향을 지키는데

참새들은
떼를 지어 수군거리며
조롱하듯
낙엽처럼 뒹군다

뽕잎이 푸른 밤

뽕잎이 싱그럽게 푸른 밤이다

뽕나무 그림자 아래
하루를 달래면서
손을 꼭 잡은 두 사람
휘영청 달 밝은데
달콤한 이야기는 익어가고

지산댁네 개 짖는 소리
무논에서
모내기를 알리는 개구리 합창
수다쟁이처럼 왁자하고
때 이른 반딧불이 새롭다

함께 있다는 것이 벙글벙글
은혜로운 말은
샘물처럼 솟아나고
할 말은 뭐 그리도 많은 걸까
달빛은 기울어만 가는데

뽕잎은 싱그럽게 푸른 밤이다

지리산 흥부고을

阿谷里 : 턱 밑에 닿는 숨을 고르며 넘는 사치재
아곡리 휴게소 쉬어가는 내 과객이여
奉大里 : 농촌 체험으로 시골의 향수를 느끼며
예향을 받들어 크게 되라는 봉대라네

引風里 : 좋은 생각들은 우순풍조 바람을 부르고
선진 영농으로 살찌우는 넉넉한 인풍리
葛溪里 : 1970년대 삼백 여 가구의 아영면 소재지
길손은 洞門 정자나무에서 오금을 편다

淸溪里 : 청계천 지류 따라 사십 여 가구씩 四村
청정수로 빚으니 청계리 큰 인물 나고
月山里 : 후산이 명월을 부르고 청산을 노래하니
드넓은 월산리 옥토는 곳간이 가득하다

城里 : 산성 터 휘돌아보니 신라와 백제의 흔적
착심으로 박을 타니 계승하는 흥부마을
九相里 : 봉화산 봉수대에서 횃불을 높이 올리면
신령님 아홉새드리 돌아 九相을 살핀다

日始里 : 방대한 일대 저수지는 옥토의 젖줄이며
북아도 사람들의 문화 중심에 터를 닦고
蟻池里 : 풍천에 물안개 오르니 물새들의 안식처
옥장봉 정기 받아 의지마을은 후덕하다

斗落里 : 먼 옛날 고분군이 자리한 큰 흔적들은
두락마을 인심 좋아 살기 좋은 길지런가

• • • • • 나 머물던 그 자리

2
사랑해도 좋을까

내 마음
기댈 수 있는 곳 있음이
이렇게도 좋을까
어떤 바람도 없다
곁에 있어만 주어도 좋다

• • • • • 나 머물던 그 자리

콩 팔러 보낸 것마냥

바깥출입도 어렵던 시절
청상과부 되어
홀로 거친 일 다 하시고
바구니에 담아도 될
밤톨만한 코흘리개들
아비 없는 자식으로 지천 받을까
배 굶길까 걱정의 나날 보내며
건강하고 반듯하게 커달라는
당당한 바람으로
한평생을 바쳤던 내 어머니

겨울밤도 서러운데
지아비를 콩 팔러 보낸 것마냥
시선들이 두려웠을 것
설움과 아픔 묻어둔 세월
내 형제들이 성장한 만큼
고운 몸매는 허리가 휘어지고
푸른 잎은 상강(霜降)되었으니
이 세상 끝까지

몇 번을 고쳐 죽는다 하여도
그 은혜는 어찌하리야

얌전한 걸음걸음이

검정 머리카락
비녀를 꽂은 동그란 쪽 진 머리
검정 치마 하얀 저고리
자태 고우신 여인이다
걸음걸음마다
가만가만하게
조용한 그 걸음걸음
일백육십 센티 그 아담스런
천생 여인의 걸음이다

삼십 대 중반
청상(青孀)이란 것도 애달픈데
어깨에 무거운 짐 얹어준
여섯 마리 아기 강아지들
홀어미가 키우면서
행여 호로 아들 딸 될까 노심초사
원망 없이 반듯하게 잘 키워
“형제지간 우애하라”
“잘됨이 선영(先塋)의 덕이다”
복덩이 할머니 되었다

사형제

두 살 터울에 십 년
모습과 생각이 그러한 사형제들
일찍이 편모슬하에서
유복하게 자라지는 못하였어도
착함을 비껴가지 않고
그만그만하게
행함을 바르게 살아왔다

초가지붕의 삼 칸
방이 두 개에 부엌 하나 탓일까
까슬한 목골로 짠 방바닥
닭싸움을 하여도
더 이상 물러설 곳 없어
형제들은 휴전을 선언하고
추울까 방 문풍지를 여민다

출생지가 같은 환경이라 그럴까
새 식구들을 타지에서 맞이하였어도
행여 아픈 말은
딱정이 되어 흔적이 될까
서로 베푸는 중심이 되어
언제나 풋풋한 사형제

부부 세배(歲拜)

그만그만한 아들들
그만그만한 며느리들
그윽한 웃음 속에
옷맵시로 뽐내고
부부들은 새해를 맞아
마주하며 웃음 있는 덕담들과
따스한 눈길이 당연한데
부끄러워 수줍음이다

조상님
차례 상 차리는 마음으로
사형제 부부들이
무릎 꿇으며 감사의 큰 맞절이다
진정,
함께 살아온 지난 한 해 동안이
고맙고, 미안하고, 은혜로운 마음으로
설날에
새해 안녕을 비는 큰절을 한다

풋고추 종아리

밤부터 내린 봄비는
도랑물 가득하여 풍년의 예감
지형 따라 뱀처럼 구불구불한 논둑에
풍년을 담고자 논에 물을 채우고
물을 채우는 것은
곳간을 채우는 것이니
속일 줄 모르는 흙을 맥질하며
논두렁을 다듬질한다

십 대 중반의 일꾼
풋고추 종아리는 맵지 않아
논두렁은 아득히 길기만 한데
해는 이미 지고 어둠을 부르고 있었지만
모자(母子)는 서로 의지하며
이 고비를 넘기자
어둠을 밝히는 흙과의 씨름

소년의 얼굴에 미소가 번진다

고모님

옥고시
유과, 콩강정, 들깨강정
호박씨가 박힌 강정, 엿, 쌀과자…
남달리 음식솜씨 좋으셨고
정갈하고 부지런하셨던
설 명절이면 생각나는 고모님

컴컴한 음식 방에 들어가면
전통과자가 있었고
메밀묵이며 도토리묵
직접 만드신 손두부를 보면
그 먹음직스러움에
군침 돌아 침샘이 솟았다

수라간 주인 허락 없이
새앙쥐마냥 들락거리는
자유로움 속에 그 뻔뻔함이
눈치라고는 너무 몰랐었던
고모의 알량한 조카들

친정 식구들을 유독 챙기셨는데
큰형수님이 대를 잇고
고모님은 말씀 없이
천연두 앓은 얼굴이지만 아담한 미인(美人)
동구(洞口) 앞 길목에서 보고 계신다

새댁을 기다리며

아직 때 묻지 아니한 풋내기 서울새댁
시골에서 상경하여 새댁은 돈 벌러 갔다

하루 일과를 마감한 초래비*가
새댁이 기다려지는 것이다
어둠이 짙은 지 오래인데
우리 집 새댁은 오지 않고
보고 싶은 마음에 무엇을 도울까
집 주변을 서성인다

단둘이 살면서 뭐 정리할 게 있을까만
내 둥지 둘러보고 닦으려니
서투름은 수선 피워지고
구멍가게에서 콩나물과 두부 한 모 사다가
쌀 씻고 석유곤로 심지 돋우면서
콩나물 다듬는 작은 사랑
알뜰살뜰이란 것을 배운다

*초래비 : 갓 결혼한 남편

눈 오는 밤

등잔의 호롱불
흔들림 없이 조용한 밤
사락사락
눈꽃송이 내려
댓잎(竹葉)을 보듬는 듯한 소리

수줍은 듯 수줍어하는 듯
저 머언 곳에서
들릴 듯 말 듯
동정 깃 세웠던
여인의 옷고름 푸는 소리

눈송이 행여 들킬세라
숨죽인 발자국 소리처럼
대뜰에 다가와
포옹하듯이 볼맞춤하고
살짝이 흔적 없이 다녀가는가

웃음소리 담장을 넘었을까

별당의 아씨가 보고 싶어
대갓집 솟을대문을 지나고
구중궁궐 열두 대문 넘고 넘으면서
수많은 문지기
시선을 따돌리는 철없는 아이
그를 좋아하는 맘이었을까
새싹은 돋아나는데…

거리낌 없는 편안한 생각 속에
일상의 작업들은
서로를 챙기는 마음
한 잔의 커피향이 어우러지면
할애된 시간에
이야긴 살아 숨 쉬고
주거니 받거니 꽃피우던 미소
웃음소리 담장을 넘었을까?

꽃다발

장미꽃이
그 사람의 품에서
아름다운 나비 되어
곱게 화알짝 피었지요

백합꽃이
그 사람의 품에서
해맑은 얼굴 되어
백옥같이 맑게 피었지요

사랑스런 그 사람
미소 짓는 얼굴에
마알간 립스틱에 하이얀 치아
인물화로 곱게 피었어요

구절초

임이시여!
아니 보일 때는 잊었다가
눈길 마주할 적엔
관심 있는 미소 주세요
사랑하는 마음은
속일 수 없는 천성
숨길 수 없는 속내
가까이 다가서고픈 생각
전화하고 싶습니다

그대가 날 그리워한다면
감당 못할 벅찬 심장의 박동
행복에 흠뻑 젖어들고
그대를 그리워함은
나의 희망이라지만
행여, 그대 마음에 짐이 될까
조심스러워집니다

노인의 꽃

꿈으로 가득한
그 터질 듯한 꽃봉오리
비취빛 스무 살
아롱이는 젊음 있다

피워가는 꽃잎은
비바람에 젖고
눈보라에 얼룩진 상처로
시들었지만

꽃잎 떨군 빈자리
우두커니 있는 듯하여도
사랑과 열정이
듬뿍 묻어 있는 깊은 향

어느 이별가

— 박영종 모친상

정처 없는 생활을 접고
나는
너희들 마음속에 남아서
내 갈 곳으로 쉬러 간다
생의 맥박이 이제는 멈추는 게야
청상(靑孀)의 여인 되어
그 셀 수 없는
우여곡절 많았던 세상
사랑하는 가족을 버림이 아니듯
삶의 포기 또한 아니다

가족들의 애틋한 마음과
문상객들의 호위 속에
짧아서 오붓하지도 못한 원망의 세월
꽃차 타고 지아비 보러 간다
살아생전 보고 싶었지만
꼭 풀어야 할
숙제들이 많았던 게야
너희들도 이젠 눈을 떴으니
울지들 말아라
소꿉놀이 재미있게 하였다

단풍

맑은 생각으로 기둥 세우고
비취빛 아롱이는
새싹 틔우며
푸른 꿈들은 마음을 채웠다

매달려 산 만큼
아름다움을 만들 수 있는 것
각자의 위치에서
생애에 단 한 번만이라도
저, 뼈 속 깊이
곱게 물들 수 있어 좋은 것

열심히 살았을까
한세상 푸르게 살다가
떠날 때를 알고
소리 없이 내려앉은 저 단풍잎
눈길 없는 낙엽으로
바람 따라 구르는가

이가을에

이 가을
푸른 하늘을 우러르니
꿈의 물감 풀어놓은 듯한 하늘
날
무지갯빛 희망을 키웁니다

이 가을
거듭거듭 향기 피우며
돌봄 없이 저 홀로 핀 야생화
날
홀로서기 용기를 키웁니다

포장마차

포근한 눈빛이
아름답게 교차되고
휘휘 둘러진 비닐 포장은
투명한 훌륭한 카페
머리 위에서 대롱이는 전등은
바람 따라 흔들리니
난로에 볼그레한 얼굴은
불빛 따라 일렁이는
두 그림자의 춤사위

펑펑 눈 내리는 산속 풍경
작은 라디오 음악 소리 따라
주전자 꼭지 김이 오르고
곡차 기울이는 얼굴엔
볼그레하게 핀 꽃봉오리
커피 향에 젖은
그의 모습은 더욱 멋들어지고
달보드레함에 취하여
도란도란 시간을 잃었다

꽃지 저녁노을

낯선 사람들 그림자 사이로
저녁노을이 낮게 누웠다
연분홍빛 바다 물결
수줍게 미소 짓는다
섬과 섬은 이웃하여
할미섬
할아비섬
기다리는 애틋한 사랑들이
망부석이 되었다

섬과 섬 사이
노을 진 그 자리에
내 맘속에 자리매김한 사람이
긴 그림자로 서 있다
붉은 노을은 축복일까
할미섬
할아비섬
마주하는 눈길에 부드러운 미소
푸른 영상으로 서 있다

사랑해도 좋을까

내 마음
기댈 수 있는 곳 있음이
이렇게도 좋을까
어떤 바램도 없다
곁에 있어만 주어도 좋다

내 마음
이미 많이 기울어져 있음이
사랑해도 좋을까
기쁨 가득한 세상
모든 걸 가진 것처럼 부러움 없다

도란도란 이야기 속에
통금 예보 사이렌 소리
플라타너스 나무에 걸려 있는
손톱 달
꼬옥 동여매고 싶은 마음이다

맑은 소리

가을 아침 높푸른 하늘에
공작 깃 달은 그 해맑은 소리
귀 간질이는 달콤함
내게로 가까이 왔네

깊은 산속의 새소리
기적 소리마냥 힘이 있었지
그 어느 때보다
다듬어진 조율은
아리따운 밝은 목소리

누구도 따를 수 없는
그 사람의 낭랑한 멘트
적당하게 들려오는 볼륨으로
어느 성우도
따를 수 없는 맑은 목소리

박꽃은 피고

달 밝은 밤
동산에 오르니 박꽃은 피어
엷게 투영된 조화(調和)
세상은 이토록 예쁘고 아름다운가

언덕을 따라
혼자의 독백을 즐기면서
넝쿨은 향유하며 가고 싶은 대로 가며
달맞이하는 잎새
고만고만한 것들이 키재기하고

달빛에 어우러져
듬성듬성 탐스럽게 눈부신 박꽃은
누가 누가 예쁜가
어깨 나란히 하는 박꽃
내 임 닮은 듯하여라

공원의 야경

가지런히 촘촘한
공원을 층층이 오르는 돌계단
어스름한 공원
가로등 불빛
밤길 밝혀주는데
둘이서 함께 걷는
공원의 산책
밤공기가 상큼합니다

너울너울 살랑이는 나뭇잎
내 좋은 그 사람 있음일까
이 세상에서
둘도 아니요 하나로 보이는
가로등 불빛에
얼비추이는 모습이
참으로 한 폭의 그림입니다

단풍처럼 익어간다

뜨거운 열정으로
붉게 타오르는 농염으로
겹겹이 둘러져 깊은 포옹하니
그 푸르던 잎새
색동옷 단장일까
얼굴은 불그레
수줍은 미소가 퍼진다

우리만의 공간에서
바람에 흔들리면서도
아름다운 추억은 엮어지니
우리 둘이
둘이 우리
웃음 가득한 우리 둘이
단풍처럼 익어간다

산안개

오십 여 미터도
분간 못할 포대능선
하얗게 드리워진 산안개
쉼 없이 밀려가고
쉼 없이 밀려온다

북한산 큰 바위
우리는 나란히 앉아서
산을 우러르니
건너편 바위들이
안개에 묻혀 보일락 말락이다

그 사람
내 곁에 있다고 한다지만
그 마음 알쏭달쏭 알 수 없으니
연막술의 능선을 보듯
안개 속이다

동백꽃

피었네
피었네
월출산 기슭에
수줍음이 가득한 동백꽃
화사하게 피었네

피었네
피었네
구름다리 건너 통천문을 지나
월출산 천황봉에
사람들의 웃음꽃이 피었네

천황봉 바위산
많고 많은 사람의 꽃이 피었어도
오매불망 보고 싶은
아름다운 동백꽃은
보이지 않았네

그날 밤

그 사람이
공원의 가로등 불빛
곱게 빗겨진 머릿결
갸름한 볼을 가린다
어슴푸레 얼비친
윤곽이 너무 아름답다

어둠 속에서
얼굴이 붉어지는 것은
어쩌면
가까이 다가서고픈 마음
잠재우지 못하는 것인가

달콤함에 젖어
서투른 밀어들을 엮어 가는데
손에는 그 촉촉함 젖어
먼 훗날에도 잊지 못할
그날 밤

침묵으로 보고 싶다

조용하고 아늑한 레스토랑
둘만의
호젓한 분위기가 숨을 쉬니
나만의 공간인 듯하다
생각은 많아서
그 사람의 가슴에 아로새길
달콤한 사랑의 말들을 찾아보지만
하고픈 말들은 입안에 맴돌고
벅찬 가슴은 침묵이다

나를 잊어버린 침묵일까
말도, 생각도 없는
바보가 되어 가는지도 모르지만
풀밭 같은 우아한 눈빛
그의 까만 눈동자
그냥, 바라만 보고 있어도
많은 시선들이 부러워하는
부족함이 없는 둘만의 공간에서
함께 머무르고 있는 것이다

• • • • • 나 머물던 그 자리

3
매미의 청혼가

좋은 사람을 만나고자
무수히 어려웠던
기다림의 7년
그대를 위하여 날개 달았으니
청혼가를 부르는 것이다

• • • • • 나 머물던 그 자리

봄비의 사랑

들릴 듯 말 듯한
빗소리는
연인에게 살갗 간지럼이다
곡선을 타고 흘러내리는
물방울은 또르르
생기가 살아 있는 곡선을 타고
뭉텅
굵디굵게 내리는 물방울이다

어둠이 짙어지고
밤으로 가는 봄비 탓일까
빈 가슴은 추적추적
싸르르하다
괜스레 이죽거림이
봄비가 대지를 녹이는 것마냥
촉촉이 젖은 내 가슴에도
봄을 잉태하고 싶음인가

冬 있으니 春

— 겨울과 봄의 사이

베란다 바깥쪽에는
겨울이다
성에가 낀 유리창
난간 철제엔
꽁꽁 박힌 얼음
햇살 되받아
튕겨오듯 반사되는 눈부심
온몸에는
냉기가 휘감아 도는데

베란다 안쪽에는
따사로운 봄이다
지난해 비틀거리며 못 피우기에
분갈이한 연산홍은
하나 둘 셋…
열여섯 송이
곱살스레 탐스러운 포근함이다

유아(幼兒)의 미소

어젯밤
어둠이 머물다 간 자리에
자목련 벚꽃 개나리
봄의 꽃들은
아침 햇살에 정원을 살찌우며
배시시 웃고

초롬이 이슬 머금은
봄의 꽃들은 농염이 짙어지고
맛있게 잠을 이룬 아이처럼
고사리손으로 맑은 눈 비비는
티 없는 웃음이다

꽃비 맞으며

듬성듬성 하이얀 눈꽃
봄의 향기 돋아나
하아얀 구름이 노니는 듯
벚꽃은 하늘을 채웠다

봄 향기에 취하였을까
봄의 손님
사랑은 텅 빈 가슴에 가득히
그 허기를 채우는 것일까

꽃그늘에 누워
향기로운 봄꽃에 젖어
공허함이 울컥 올라온다
꽃비에 소담히 묻히고 싶다

봄의 문턱에서

생명을 잃었던 언덕에 잔디가
봄의 갈증(渴症)에 토악이 심하다
메마른 대지에
우두커니 서 있는 나목들
양지 찾은 개구쟁이들은
봄을 캐려는 흙 내음과 씨름한다

시선이 머무는
멀지도 아니한 마당 한 켠
아버지가 심으신 붉은 목련이
꽃눈 틔우기 시작하니
볼그레한 속살을 수줍은 듯 보이며
수많은 촛불 되어 봄맞이한다

모진 삭풍(朔風) 있었던
그 겨울바람을
열정으로 삭이고 또 삭이면서
메마르던 체온에도
쑥 내음 같은 보릿내음 향기
봄을 모두에게 드린다

나뭇잎

새싹
틔워서 무엇하려오

당신의 눈길 받지요

잎새
푸르러 무엇하려오

당신의 푸른 가슴 되지요

잎새
붉게 물들여 무엇하려오

따스한 사랑을 고백하지요

매미의 청혼가

간밤에 매미는 옷을 갈아입고
납작하게 나무에 붙어
어른이 되기 위한 옷을 바꿔 입어야 했고
한여름 낮
높낮이 조절하는
여린 목청을 다듬어야 했다

이제는
제 몸이 완성된 성년의 매미
얇사한 날개옷은
속살이 보일 듯 말 듯
매끈한 각선미의 종아리
어쩌면 은근히
몸매를 보여주고 싶은 게다

'함께 할 배필을 구함'
좋은 사람을 만나고자
무수히 어려웠던
기다림의 7년
그대를 위하여 날개 달았으니
청혼가를 부르는 것이다

동백섬

간밤에도 그리움에 뒤척였다
철썩이는 파도
잔물결 소리 들으며
불어오는 남풍은
따스한 임의 숨결인가
그리움이 한 움큼
온몸 한기를 느끼는데

언제쯤 오시려나
꽃망울 이월이면
꼭 오시겠다는 다짐으로
뭍으로 떠나가신 임
웃으며 꽃피우고
울면서 꽃잎 지우던
보고파 기다림
동백꽃은 피고지고 피고지고

바람아 바람아
순풍으로 불어다오
기폭에 돛을 높이 달아
달빛 그림자와 함께

뱃전을 간질이는 리듬 맞추어
설레는 만남의 노래로
동백섬 뱃길을 열어주오

해변의 밤바다

강렬하게 내려쬐던 태양은
한껏
백사장 달구더니
내일을 약속하며
바다 속으로 쉬러 갔다

짙어지는 어스름
가로등 불빛은
해변을 물들이고
파도소리에 맞추어
밀려왔다 밀려가는
초여름 밤바다

밀려오는 파도에
발끝이 간지러워
친구를 안겨 부르는 호들갑
어쩌면 내가
부르고픈 이름인지도 몰라

안개비

짙어가는 어둠은
밤으로 가는 안개비 탓일까
빗소리 들릴 듯 말 듯
추적추적 빈 가슴
빗물은 또르르 곡선을 타고
꼭지에서 사랑을 애태우듯이
대롱대롱 안절부절이다

뭉텅, 발아래 떨어지는
한 알의 물방울
괜스레 싸르르한
가슴 쓸어내리는데
소리 없이 찾아온 안개비
미소 짓는 입맞춤
달보드레한 입술은
푸른 씨앗들을
대지에 잉태하는 것이다

황사, 국경을 넘다

막무가내식 불법으로
국경 수비벽은 허물어져
셀 수 없이 몰려오는 중공군에
잠식되는 금수강산
속수무책(束手無策)이 그 대책이기에
초점 잃은 초병(哨兵)의 눈길이다

하늘에는 온통 뿌연 황사
입을 막고 코를 막아
호흡기를 조이며 백성들 괴롭히고
시야는 희롱되어 더욱 흐릿한
그 고달픈 금수강산

시끌벅적하게 남침하던
중공군의 인해전술로
아픈 기억이 생생한 1·4후퇴
밤과 낮 구분 없이
호로(胡虜) 아이 국경을 넘나드니
바라건대, 중국의 녹색 사업이다

맑은 물

태초의 색깔 띠고 있다
계곡의 물
계곡의 도랑
계곡의 푸른 숲
햇살이 살아나는 천혜의 숲이다

얼마 전 왔을 적
널브러져 눈살을 찌푸리던
바람에 뒹구는 휴지
일회용 찌꺼기
휴지는 돛배 되어 떠나간다

사람들의 소행은 너무 밉다
엊그제 비를 내려
오염된 세상을 씻어주시니
하늘님
참으로 감사합니다

빗소리

우두둑 우두둑
똑 똑
창문 틈 사이로 들려오는
조심스러운 빗소리 행진곡

두드림의 난타
길을 걷는 나의 마음 달래며
호젓한 우수(憂愁)의 길을
동행하는 친구가 되어
장단에 젖어가는 빗소리

우두둑 우두둑 똑 똑
자연 속 연주가
그 어느 악기보다
어느 음악회의 음률보다
한결 흥미롭다
소리가 정겹다

장마

허구한 날
속절없이 내리는 빗줄기에
풀잎도
나뭇잎도
기력마저 상실하여
울음마저도 잃었지요

이제는 눈을 들어
바라볼 수도 없으니
벌써, 몇 날 며칠째인가요
햇살 미소처럼 반겨주시던
그대의 늠름한 모습
아득합니다

홍수

그릇이 작은 것일까
물길이 없는 것일까
황톳물이 넘쳐
길을 잃은 물길
밀려드는 물의 범람이
세상,
저인망(底引網)으로 쌍끌이한다

계곡마다 하천마다
체육공원에도
강변도로에도
성난 빗물은 세상을 평정하니
초목들도 고개 숙이는
물 천지
물, 물의 세상이다

구멍 난 하늘

하늘도 울고
땅도 울고 있었다

통통하게 푸르고
건장하던 육신들이
헐어버린 상처투성이다
찢어지는 고통을 참고 버티면서
숨이 차도록
봉합을 서두르는데
메아리 없는 울부짖음일까
시커먼 먹구름들은
체면 없는 연막작전처럼
벗겨진 살갗에다
끝없이 쏟아 붓는 소금이다
하느님은 하늘에 구멍을 뚫었을까
우산을 걷은 것일까

하늘도 땅도 사람들도
방방곡곡에서 하나같이 울고 있다

한 잔의 차 향기

간밤
천지를 흔들어대던 천둥 번개
장대 같은 비
세상을 삼킬 듯하더니만
고요한 아침이다
햇살은
구름 속에 머물러 있음인가
베란다에서 바라보는
초록들의 싱그러움이
솟아오를 듯한 비상(飛翔)

장대비에 초목(草木)들은
목욕으로 닦아내고 빗질한다
물을 머금은 정원의 풀잎들이 아름답다
웅성거리던 설거지 가지런하고
한 잔의 여유가 묻어나는 차 향기
고즈넉한 아홉 시

아이들은 하루의 수업종이 울린다

벼 이삭의 시름

빗겨 감이 없이
한 층 한 층 쌓인
시루떡 콩고물처럼
장마의 궂은비
하루가 멀다하고 내리니
원망의 날들이다

야속한 햇님 숨바꼭질
벼 이삭은
잠 못 이뤄 진통하는 짝사랑
하늘을 봐야 별을 따는데
덜컥!
염려되는 씨받이

수마(水魔)

나무뿌리가 드러남은
바람이 다녀갔나
엉게 덩게 씻겨져 널브러진 건
비가 몽땅 왔을까

양동이로 부어대는 집중호우
하천의 물이 범람하고
길이 끊어지고
논둑의 선이 오간 데 없다

수마가 할퀴고 간
그 자리에는
붙어 있어야 할 살점이 없고
상처받고도 말이 없는 물체들

싱그러웠던 들판이
도로의 맥박이
수로의 젖줄이 헝클어져
봉합을 기다리는 상처만 남았다

시월은 어디로 가나

시월은 어디로 가나
성냥갑 이은 듯
붉은 우등열차는 내 맘을 싣고
덜커덩 덜커덩
리듬 타고 가을 속을 달리는데
시월이여!
경춘선 철길 따라 어디로 가나

강물도 흐르고
구름도 흐르고
팔당 물 흐르듯 낙엽은 물들고
바위 턱에 앉아
부드러운 가을 단풍에 젖으니
배시시 웃는 듯한 굴참나무
시월은 어디로 가나

잎새는 울어

그렇게도 곱다 하던
북한산 단풍들
고귀한 모습들은
웬일인지 보이질 않으니
어디로 갔느뇨

얼마 전
곱살스레
초록 분홍 노랑 빨강으로
단장을 하였다더니
어디로 갔느뇨

그리웁던 임이 오시지 않아
단풍 잎새는
원망의 눈물은
그 주책없는 눈물로
낙엽처럼 뿌렸다 하더이다

비에 젖은 단풍잎

보리밭 이랑에서
장끼 울어대는 봄부터
당신의 품 안에서
당신의 사랑으로
푸른 사랑의 싹 틔우며
살갗 터지는 추위에도
'매미' 라는 매서운 바람에도
당신의 사랑으로
들뜬 마음의 나날이었답니다

이제는
눈물이 앞을 가립니다
가을은 저무는데
을씨년스런 실비에 흠뻑 젖어
움츠려가는 단풍잎
한기를 한 움큼 느끼는 아픔으로
소리 죽여 우는데
11월의 차가운 밤비는
이별을 부릅니다

낙엽

한 세월을 두고
그를 무척이나 좋아하였다
생각만 하여도
곁에만 있어도
하늘을 날 것 같은 마음
항상
그는 내 곁
머물러줄 것이라 믿었던
그 푸르던 잎새

누구와도 견줄 수 없는
이 세상 전부를 얻은 것이었다
유산소 챙기어주며
언제 보아도
웃음 속엔 보조개꽃 피어나고
아담한 손 흔들어주곤 하였지

시샘이 부담스러웠던 잎새
황량한 바람 일더니만
나를 우두커니 서 있게 한다

겨울나기

초겨울
쉴 곳을 찾는 낙엽이
길목 따라 오르는 바람 따라
하릴없이 돌돌 구르고
저마다 조잘조잘거리면서
무리 지은 새 떼
밀려왔다
밀려간다

들녘을 휘저으며 날으는
참새 떼
허기를 채우려
이 논배미 저 논배미
몰려왔다 몰려간다
참새들 무리 지어
알아듣지 못할 수군거림은
무슨 생각일까

사계(四季)

여리디여린 푸른 새싹

풍성한 그늘막 되더니

저마다 고운 잎새 단풍

옷을 벗어 눈꽃 입었네

4
지리산 연가

티 없는 자연 속에 살찌워
씻지 않아도 먹음직하여 좋은
진한 향에 깊은 맛
건강한 약초 같은
그런 시 한 편 키우고 싶다

• • • • • 나 머물던 그 자리

국악 한 마당

처마 밑 외등이
소리꾼 옆모습 얼비추고
마름질 잘 된 푸른 마당
가족들이 잔디에 둥그렇게 앉아
별을 수놓은 하늘 아래
국악 한 마당 맛을 본다

초롱초롱한 눈빛들
소리꾼이 된 장조카
감칠맛 나는 그 음질에 젖어
귀를 쫑긋하고
접하기 어려운 옛 국악을 들어본다

소리꾼 음질
풀벌레 소리가 다듬었을까
밤하늘 별들이 다듬었을까
흥겨운 소리에 가락 있는 장구 소리
구수하게 흥을 돋우니
저절로 게걸스런 어깨춤이다

천상에서 내려온 명창
작은 국악 한 마당

고인(古印)마을

여명의 빛이 모산에 이르면
개울가 대문 집
장닭은 홰를 치며 목청을 돋우니
새벽을 알리는 알람 소리에
갓 시집온 새댁 단잠을 깬다

조심스레 새벽을 열며
행여,
그 누가 다녀갔을까
정갈하게 물 긷는 아낙들
정짓간과 장독대에 정한수 놓는다

통 통 통…
최씨네 발동기 소리
이웃사촌(네 개의 마을)들이
겨우살이 벼 방아 찧는
풍요가 묻어 숨 쉬는 고인마을

청계(淸溪)마을

힘찬 독수리 명장산
높은 기상으로
청계리의 맥을 잇고
장군봉에서 이어진 물줄기
부족함을 채우는
청계 저수지
청운(靑雲)의 꿈들은
숨을 고르며 세상 사는 꿈을 키운다

낮은 자리 겸손을 배우며
여울여울 물맞이 언덕을 지나
저 드넓은 들판을 향하여
작은 물줄기 모여서
물레방아 물을 안고 돌던
청아한 물소리
문명을 한 발짝 앞서 깨우니
훌륭한 인재를 키워가는 청계마을

선사시대 암사동엔

눈빛 언어들이 모여서
손, 발, 몸짓으로
소꿉놀이하듯
움막을 짓고
암사동 사람들은
그 두레정신
육천 년을 이어왔다

강 물길이 돌아가고
폭풍우도 빗겨 가니
부족한 듯 모자람이 없는
천혜의 자연은
동네를 살찌웠구나
사람 살기 좋은
그 선사시대 암사동엔
강동(江東)의 숨결이 흐른다

전등사(傳燈寺)
— 강동문인회 문학기행

머언 옛날
고구려 소수림왕 시절
자기를 다스리고자
아도화상은
진종사에서 불사(佛事)하였고

조금 뒷날
고려 충렬왕 시절
왕비 정화궁주는 옥등을 시주하여
나라의 안녕을 빌고
전등사(傳燈寺)라 하였는데

그 뒤, 뒷날
선현들의 손때가 묻은
흔적들을 거슬러 되짚어보면서
강동문인(江東文人)들의 필침(筆針)은
전등사에 무엇이라 새길까

돈맥경화

서로는
사지도 팔지도 아니한다
아니, 구매가 없으니
팔지를 못한다
짜장을 먹어야
양파를 팔 텐데
돈의 움직임 없는 돈맥경화
움직일 수가 없다

중국집
짜장을 먹어라
양파집
양파를 사가라
눈치만 본다
누가 이기나 보자
쌈지에 돈은 있다
돈맥경화
세상이 너무 썰렁하다

굴레

여느 때와 다름없는
오늘도 출근이다
낮게 드리워진 잿빛 하늘
자동차 소리는 버릇없는 투정 되고
출근이 왠지 가볍지 못하여
머리도 가슴도 답답할 뿐
버거움을 이기지 못하는 자제력
살아가는 무게가 큰 짐이다

흔적 없는 아픔을 잠재우고 싶어
머리를 흔들어보고
가슴을 풀어 훌훌 털어보지만
아픔을 훌훌 털고 털어도
술 찌꺼기마냥 걸러지는
그 버거운 짐을
어디에도 부릴 곳 없다

꺾지나 마오

아름답게 핀 장미
정열이라면 뒷걸음 없는 붉은 꽃
세월 속에
대지를 달구는 계절이 오면
한잎 두잎 지는 꽃잎들이다

어느 땐 사람들이
관심 밖으로 생각하면서도
꽃이 피기 시작하면
아름답다 수선을 피우며
달콤한 감탄사로 또한 스킨십이다

사랑한다, 목숨을 걸듯
지 하고픈 대로 몸통을 흔들어대고
목줄을 몇 놈이나 꺾어
몇 년 동안 몇 년(?)을 죽였는가
사랑의 포옹은 고마우나
날 꺾지나 마오

암벽 등반

용기 반 두려움 반
헐떡이는 숨으로
밧줄과 쇠줄에 몸을 맡기고
아슬아슬하게 암벽을 오른다

많은 사람들이
돌아서 가는 걸 보고
망설이다 육신을 바위에 맡긴 채
한 땀 한 땀 오르는 설렘

떨리는 가슴 발밑 간지러워
긴 한숨을 토하면서
정상에 닿으면
나만이 느낄 흡족함
성취한 기쁨 그리고 안도감

좋은 친구

뿌리 깊은 나무는
거센 비바람 불고
눈보라 휘몰아치는
그 모진 날에도
한 치라도 흔들림이 없다

섧은 말을 하여도
모자람을 보아도
뿌리 깊은 친구는
그 어느 곳에 있을지라도
항상 흔들리지 아니한다

알토란 같은 친구는
찬란한 에메랄드 깊은 빛에도
달콤한 사탕발림에도
그 누구에게도
천근만근 무게로 지킨다

둥지

바위 틈새에
둥지를 튼 소나무
솔잎 서너 푼
못 먹어 뒤틀려 꼬인 참담함
내 뜰,
내 품에서 갖고 싶은 눈길들
너도나도
스러지는 장탄성이다
안개
비
바람은 쉬어가는 벗이 되어
나를 손질한다

세상살이

형광등
푸른 불빛 탓일까?
둥근 탁자에는
모두가 푸른 세상이다
가스레인지 불꽃 위로
뒤섞여 살아가는 세상살이가
노란 냄비에선
도란도란 도란거리듯
보글보글 세상 속이다

세상은 복잡 미묘한데
끓는 냄비 세상은 입맛을 돋군다
질름거리는 말간 한 잔의 술
툭! 하고 세상을 털어 넣는다
온몸이 싸하다
갈증의 목마름이었을까
인생을 즐기고자 하는 갈증
풍요로운 목마름
사람들이 기원하는 방식이다

엇박자 가족

각자의 일상에서
각자의 입장에서
각자의 잣대들은
식사 시간이 엇박자 되는 둥지
식사라는 즐거움도
둥지라는 맛깔이 없다

둥지로 돌아와
가족이라는 오붓함을 잃고
포근함을 잃은 채
혼자서 도시락을 비우고
각자의 방에서
각자의 방식으로 살아간다

어쩌다 마주한
둘이서 밥을 먹으면
서먹서먹함이 감돌고
— 요즈음 별일 없니?
멋쩍은 인사만 오고 가는
신세대 엇박자 가족

소래포구에서

어둠이 낮게 내려앉은
소래포구
바닷물은 포구를 벗어나
어선과 어구들은
갯벌을 타고 있다

건너편
밤을 밝히는 불빛들이
포구의 풍경을 살찌우고
하루 일상을 마감한
포구에 북적대는 사람들이
파시(波市)를 이룬다

횟감들을 파는
상인들은 모두가 아는 척이다
'일단 스톱'
'이것 몽땅'
파닥이는 생선만큼
상인들이 더 싱싱하다

무릎

나는 미안하다
그에게 너무 미안한 것이다
생각 없이 그리한 것은 아니다
도움을 주는 것도 없는데
그 고통을 모르는 채
내 가고자 하는 어느 곳이라도
싫은 내색 없이
내 마음을 편하게 하였다

네게 너무 미안하다
너를 아우르지도 못하고
그리도 무심하던 나
절구와 공이가 되어
세월 속에 닳아지고
엑기스 진액이 말라갔다

식은땀의 통증은
무언의 반항이라는 것을 몰랐다

바다낚시

하염없이 내리쬐는 태양
햇살 거부하는 밀짚모자
불어오는 바닷바람
출렁이는 물결이
뱃전을 두드리니
비릿한 내음이 코를 훔친다

허공을 향하여
바다로
낚싯줄을 힘차게 던지면
한없이 풀리는 낚싯줄
나 자신이 움찔대어
풍덩 바다 속으로 던져지는 듯

손더듬이로
물고기 잡는 감각으로
낚싯줄이 바다 속으로 이어져
손끝에 느낌이 전달되는
나의 낚시 놀음에
꿈을 접는
지렁이와 미꾸라지 삶

강산은 나를 잊지 않았다

긴 터널의 잠에서 깬 나는
이 핑계 저 핑계로
동구 밖을 나서지 않았다
아니, 깨어난 후로 조바심 속은
어쩌면 내일을 위한 작은 두려움이었을까

머리에 빗질을 하고
건강한 입술엔
드리워지는 그 앵두 물빛
내가 사랑하는 그 많은 인연들을 위하여
자연과 아우르는 짙푸른 칠월
강산은 나를 잊지 않았다

바다 같은 팔당호수
석양에 아롱이는 비취빛 물결은
잔잔함에 기대고픈 아늑함
두 줄로 도열한 가로수
꿈을 키워주는 하트 모양이다
나뭇잎들의 진초록 춤사위
싱그러움 가득한 석양 햇살이다

세상사

언제 어느 땐
억수로
좋다고 하더니만

언제 어느 땐
시큰둥
관심이 없단다

세상을 살아가면서
모습이
달라질 수 있으니
마음도
숙주나물처럼 변한다

생각의 차이
—두 갈래 길

부질없는 욕심은
집착의 곰팡이 돋아나고
그 길은
가도 가도 어둠의 길
집착은 내려놓아라

분수에 맞춰 살면
상그레 웃음꽃 피어나고
그 길은
가도 가도 맑은 길
심신이 늘 편안하여라

어느 선거

모두는 하나같이 손색이 없다
훌륭한 사람들
그렇지만 눈꼬리엔
냉기 서린 시선

동헌에서 사또가 단호하게
이놈 저놈, 아랫사람 부리듯
호기를 부리면서
맘대로 뒤적거려본다

살아 숨 쉬고 죽음,
그 여탈(與奪)권이 내게도 있으니
감정은 완장에 물들고
그늘막에도 햇살이 든다

평소 풋풋하게 살아가는 마음은
조금도 찾아볼 수 없는
한풀이가 묻어 있기에
나는 그 야비함에 놀란다

거울 속의 타인

왠지 서먹서먹하고 어색하다
거부라는 걸 디밀고픈
날 바라보는 얼굴이
낯익은 듯, 계면쩍게 아는 척한다

줄곧 늘 푸른 채소인 줄만 알았는데
목 언저리는 풀어진 수제비마냥
가느다란 실선들이 줄을 잇고

세상을 함께 살아가는 동안
오르막길도 내리막길도
부대끼며 동행을 하였지만
나를 잊고 살았을까
내가 아닌 타인이라 느껴진다

파도

언제 어디서부터
마음에 상처를 보았을까
어느 곳에서
수많은 날들을 두고서도
쉼 없이
쉼 없이,
오늘도 부질없이 세차게
밀려왔다 밀려간다

오르지도
가까이도 못하는 것인 줄
아는지 모르는지
세상을 지배할 듯한 포물선은
부서지고 부서져
포말 되어도 버리지 못하는
파도의 꿈

내가 좋아하는 별

하나 둘 셋
하나 둘 셋…
스물… 서른… 마흔아홉…
어긋나는 숫자
어긋나는 머리

하나 둘 셋
하나 둘 셋…
스물… 서른… 마흔아홉…
시작되는 기준은 알지만
알쏭달쏭한 별들의 모습

내 맘의 별은
북두칠성 꼭짓점 옆
화려하지도
우아하지도 아니하기에
내가 좋아하는 별이다

밥그릇 전쟁

환자의 울부짖음
가파른 맥박이 된다
못 들은 척 하얀 가운을 벗어던지니
의사들은 손을 놓고 파업
면허증을 훼손하는 것이다

의료보험은 소멸되는 것
낮아야 할 문턱이건만
병원의 문은 굳게 내려져 있다
의사들은 투쟁하러 가고
수위들이 병원을 지킨다

전쟁터에서 투쟁하니
병원은 있으되 의사가 없고
환자는 있으되 의술이 없다
의사님과 약사님의 밥그릇 전쟁으로
평온한 대한민국은
그들만의 만세 삼창이다

장단점

할 말이 많으면 실언(失言)이 따르고
할 말을 줄이면 감칠맛 없단다
달콤한 말들은 실망을 안기고
배려의 관심은 간섭이 되는 것

참됨은 보물과 비교도 않지만
미소는 꽃과도 바꿀 수 없단다
선택의 고민은 어느 것 좋은지
나는야 모르니 그대는 아시나

시 한 편

깊은 산중에 머무는
산나물은
속세를 부려놓고
바람과 비와 달을 벗 삼아
명주실 햇살을 받으며 자란다

사람에 오염되지 않은 곳
햇볕도
바람과 비도
오욕칠정이란 흔적 없이 살아온
담백한 산나물

티 없는 자연 속에 살찌워
씻지 않아도 먹음직하여 좋은
진한 향에 깊은 맛
건강한 약초 같은
그런 시 한 편 키우고 싶다

| 서평 |

아영(阿英)에서 온 풀꽃 편지

— 유년의 신화를 찾아서

김정식 (〈글수레〉 동인)

그러니까 그 나이였어. 시가
나를 찾아왔어. 몰라. 그게 어디서 왔는지
모르겠어, 겨울에서인지 강에서인지…

– 네루다, 「시」 중에서

벌써 10년도 지난 일이다. 오점록 시인을 처음 만났을 때가 떠오른다. 얼굴이 조금 까칠하고 깡마른 중년의 사내였다. 그렁그렁한 눈과 웃는 얼굴이 좋아보였다. 우체국에 근무한다고 했다. 빨간 우체통이 서 있는 그 정겨운 우체국 말이다. 문득, 이탈리아 영화 〈일 포스티노〉가 떠올랐다. 칠레 출신 작가 안토니오 스카르메타(Antonio Skarmeta)가 쓴 『네루다의 우편배달부』라는 원작 소설로 유명한 그 영화 말이다.

영화 속 젊은 주인공 마리오는 다가갈 수조차 없이 아름다운 동네 처녀 베아트리체에게 사랑을 전하기 위해 네루다에게 시를 배운다. 시가 무엇이냐고 묻는 마리오에게 네루다는 "시는 은유다"라고 말하고, 은유란 '저 너머'라고 말한다. 저 너머 무한한 언어의 세계와 만나게 된 마리오는 시를 쓰면서 내면의 영혼, 즉 지금까지 자신이 알지 못했던 또 다른 감성의 세계와 만난다. 그리고 끝내 베아트리체와의 아름다운 사랑을 이루게 된다. 오점록 시인을 보면서 그 아름다운 시적 영혼이 생각난 것은 무슨 이유에서일까.

이번에 펴낸 오점록 시인의 두 번째 시집 『나 머물던 그 자리』(청어시인선 87)의 시편들은 아침 이슬만큼이나 투명하다. 맑고 깨끗하다. 속이 훤히 들여다보인다. 그래서 그의 시는 꾸밈이 없다. 순수하다. 길가에 하얗게 피어 바람에 흔들리는 망초꽃 같다. 무리 지어 피어 있는 달개비꽃 같다. 돌담을 기어오르는 수줍은 메꽃 같다. 들여다볼수록 예쁘다. 오래 보면 사랑스럽다. 풀꽃 같다.

나태주 시인의 「풀꽃」이란 시가 떠오른다.

> 자세히 보아야
> 예쁘다
>
> 오래 보아야
> 사랑스럽다

너도 그렇다

– 나태주, 「풀꽃」 전문

풀꽃 같은 그의 시를 가만히 들여다보자. 순박하지만 투명하고 맑은 아름다움을 발견하게 될 것이다. 사랑스러울 것이다. 그리고 또 하나, 알 수 없는 그리움이 일 것이다.

그리움은 지금은 없는, 부재(不在)에 대한 갈망이다. 그리움의 대상은 일반적으로 장소나 사람이 되는데, 오점록 시인의 시편들은 그것이 시인이 낳고 자란 고향으로 향하고 있다.

고향은 다른 말로 어머니의 자궁이다. 어머니의 자궁, 즉 모태는 우리가 안식하고 싶은 궁극의 장소다. 산업시대에 태어나 객지를 떠돌 수밖에 없었던 오늘의 중년들, 그들은 어쩌면 이 시대의 또 다른 유목민(nomad)이라 해도 틀린 말은 아닐 것이다. 유목민들에게 고향은 무한한 안식과 편안함을 준다.

오점록의 시는 그의 고향을 닮았다. 그의 고향에 있는 풀잎 같고 들꽃 같고 이슬 같으며 바람 같다. 그래서 그의 시어들은 맑고 투명하다.

어머니 산이라 불리는
남쪽의 영산 지리산 줄기이다
돌아돌아 산길을 오르면
해발 사백팔십 미터

구름이 손닿은 지리산 휴게소
풍천의 물길 따라 오르면
그 광활한 황금 들녘
기름진 옥토 지평이 열리고
산간오지의 고원
봉화산으로 둘러진다

전라도와 경상도를 잇는
매치재
장수와 남원 경계 이룬
봉화산 기슭 짓재
우뚝 선 연비산 너머
경상도에서 햇살이 퍼진다
작은 모산 안산
중학교, 초등학교, 면사무소, 우체국, 파출지서,
농협, 신협, 작은 기관들이
올망졸망 더불어 사는데
예쁜 광주리 속
과일을 살팡지게 담은 듯
아늑한 고향 아영(阿英)이다

–「아영(阿英)」 전문

그의 고향이 남원시 아영(阿英)이라 했던가. 이 시를 보면 아영(阿英)이 어떤 곳인지 잘 알 수 있다. '장수와 남원의 경계 어디쯤' 지리산 줄기 봉화산 기슭에 있는 양지바른 언덕 마을이 눈에 선하다.

아영(阿英)이란 한자는 '언덕 아(阿)'에 '꽃부리 영(英)'이니 아름다운 언덕이라는 의미다. 그 작은 마을에 초등학교, 중학교, 면사무소, 우체국, 농협, 신협 등 없는 것이 없으니 굳이 대처에 나갈 일도 없었을 것이다. '살팡지게 담아 놓은 광주리 속 과일' 같은 곳이니 무엇이 부족하겠는가. 아영(阿英)이라는 지명만 들어도 미루어 짐작할 것 같은 그곳에서 그는 어린 시절을 보냈으리라.

그의 시적 감수성도 그를 낳고 키워준 아영(阿英)에서 형성되었을 것이다. 들길을 걷고 산길을 걷고 지리산 자락을 바라보며 살아서 그렇게 눈망울 큰 사슴 같은 시인이 되었는지도 모른다. 그래서 풀꽃 같은 언어를 갖고 태어났으리라. 이곳 아영(阿英)이 오점록 시인의 모태다. 이곳이 그가 그토록 돌아가기를 희구하는 어머니의 자궁이다. 궁극으로 죽어 묻히고 싶은 땅이다.

이 시 역시 꾸밈이 없다. 남원의 끝머리 장수 근처 지리산 자락 산골 마을, 바구니 속 과일 같은 집들이 옹기종기 붙어 있는 아름다운 언덕 마을 아영(阿英), 문득 한번 가보고 싶은 곳이다. 어쩌면 시인이 어렸을 적 짝사랑했을 소녀의 이름 같이 예쁜 그의 고향 아영(阿英) 말이다.

어린 시절의 고향을 돌아보는 다음 시를 살펴보자.

> 나의 고향 봉화산
> 연두색 녹음으로 짙어가니
> 뻐꾹뻐꾹 메아리

내게로 돌아오는데
써레질하는 황소는
우적우적 논배미 휘젓는다

코흘리개 아이들은
푸른 보리 밭둑에서
나뭇가지 모아 모닥불에 보리 구워
손바닥으로 껍질 벗기며
군침 흐를 때
한입에 넣는 그 맛

그 맛은
비릿한 내음이 있으면서
쫄깃하고 상큼하여
입맛을 돋우어
시골에서만 맛볼 수 있었던
고향의 참맛

정신없이 먹다가
서로는 마주보며
볼가에 까맣게 얼룩진 줄 몰라
자지러지는 한바탕 웃음 만들고
싱그러운 유월에
정겨움이 묻어나는 보리 내음

– 「보리가 익어가는 고향」 전문

이 시를 읽으면 산비탈 보리 밭둑에 모여 앉아 보리를 구워 먹고 있는 어린아이들의 모습이 그려진다. 더 이상 무슨 설명이 필요한가. 그저 느끼면 될 뿐이다. 그리고 그 때를 회상하며 자기 자신의 추억을 떠올려보면 될 일이다. 그때 누구네 보리밭이던가, 누구랑 그랬지 하며 그 친구들 이름을 떠올려보면 된다. 그래 맞아, 그때 서로 시커멓게 그을린 얼굴을 바라보며 얼마나 웃었던가, 지금은 다들 어디서 살고 있는지…… 이런저런 추억을 떠올려보며 가만 시집을 덮을 일이다.

시가 어려워야 할 이유가 어디 있겠는가. 독자로 하여금 상상의 날개를 펴보이게 하는 시가 좋은 시 아닌가. 이 시를 읽고 그 시절을 이해하지 못할 젊은 독자도 많을 것이나 어찌 그것이 시인의 잘못이겠는가. 누구나 저마다 자기 시대를 사는 것이다.

이 시에서 흡입력이 큰 부분은 "뻐꾹뻐꾹 메아리/ 내게로 돌아오는데/ 써레질하는 황소는/ 우적우적 논배미 휘젓는다"라는 구절이다. 뻐꾸기가 울고 써레질할 때이니 모내기철이다. 그때 보리가 여문다. 이삭이 적당히 여물어 구워서 먹기 좋은 때다. 이는 체험해보지 않은 사람은 알 수 없는 일이다. 언젠가 진도 옆 하의도에 사는 친구가 민어는 '보리꽃 필 때' 잡아야 한다고 말했다. 5월 말이나 6월 초가 아니라 '보리꽃 필 때' 라고, 이 말이 진짜다. 그렇다. 뻐꾸기가 울고 써레질할 때, 그때 보리 서리를 해야 제 맛이 난다. 이 시 또한 더없이 맑고 순박한 농촌 소년의 어린 시절을 떠올리게 한다.

이처럼 시인에게는 고향이 곧 어머니이며 자연이다. 그래서 고향은 늘 친근하고 정겹다. 봄비, 구름, 낙엽, 단풍, 안개비, 구절초, 뽕잎, 맑은 물 그리고 어머니, 아버지, 고모, 친구 등 자연도 가족도 시인에게는 '나'와 다른 객체가 아니다. 고향에 대한 또 다른 이름일 뿐이다. 이러한 시적 분위기는 시집 전편에 흐른다. 바람도, 구름도, 풀도, 꽃도, 시인이 바라보고 노래하는 모든 것은 그의 고향 아영(阿英)의 것들이다. 그래서 그의 시는 순수하고 친근하다. 그리고 쉽다.

남원 지나 지리산 자락을 바라보며 차를 타고 간다고 생각해보자. 이마를 스치는 바람이며 이름 모를 풀꽃들, 산자락의 안개와 구름 그리고 작은 집들이 옹기종기 모인 마을과 마을 길을 따라 집에 가는 아이들의 모습을 떠올려보자. 얼마나 정겨운 풍경인가. 오점록의 시편들은 지리산 자락 언덕 마을 아영(阿英)처럼 그렇게 소박하고 친근하게 우리에게 다가온다. 이는 오점록의 시가 시인의 고향인 아영(阿英)과 동일화를 이루고 있기 때문이다.

이 동일화의 원리는 시인의 세계관이라고도 말할 수 있다. 독일의 시인 쉴러(F. Schiller)는 서정적 자아의 원형을 설명하면서, 시인이 '자연으로서 존재'하든가 아니면 '상실한 자연을 추구'하든가의 두 가지 경우를 나누어 말하고, 전자를 '소박한 시인'이라 칭하고 후자를 '감상적 시인'이라 말했다. 쉴러에 의하면 시인이 순수한 자연으로서 있는 동안에는 순수한 감성적인 동일체로서 또는 전체가 조화된 존재로서 행동하며, 감성과 이성, 사물을 받아들이는 능력과 자율적인 행동 능력이 서로 분리되지 않고 대립되지 않는 상태에서 활동한다(김준오, 『시론』). 이 이론에 의하면 오점록 시인은 '자연으로서 존재' 하는 시인이며 '소박한 시인' 이다.

끝없는 자아분열의 시가 대세인 이 시대에 자연과 자아를 동일화한 시를 쓰는 시인은 그리 흔치 않을 것이다. 이런 자연과 합일된 시를 쓰는 것은 시론에 앞서 우리가 맨 처음 시를 접했을 때의 원초적 정서라 말할 수 있는데, 오점록 시인은 초기 시적 정서를 지금도 유지하고 있다고 말할 수 있다.

인간도 자연이다. 낳고 먹고 사랑하고 아파하고 죽는다. 인간의 삶 자체가 자연인 것이다. 그 자연을 거스르려 할 때 괴로움이 온다. 인간이 자연임을 인식하고 자연을 닮은 삶을 살려 할 때 인간은 행복해질 수 있다. 이는 그 옛날 그리스 스토아학파의 행복론이기도 하다. 이렇듯 오점록 시인은 자연과 서정적 자아와의 자기 동일화를 시적 원리로 하고 있다. 다만, 시적 상관물과 서정적 자아가 좀 더 거리감을 갖고 현재성을 확보해나간다면 더욱 그의 시가 새로워질 수 있으리라는 생각이 든다.

또 다른 한 편의 시를 감상해보자.

뽕잎이 싱그럽게 푸른 밤이다

뽕나무 그림자 아래
하루를 달래면서

손을 꼭 잡은 두 사람
휘영청 달 밝은데
달콤한 이야기는 익어가고

지산댁네 개 짖는 소리
무논에서
모내기를 알리는 개구리 합창
수다쟁이처럼 왁자하고
때 이른 반딧불이 새롭다

함께 있다는 것이 벙글벙글
은혜로운 말은
샘물처럼 솟아나고
할 말은 뭐 그리도 많은 걸까
달빛은 기울어만 가는데

뽕잎은 싱그럽게 푸른 밤이다

–「뽕잎이 푸른 밤」 전문

지금도 뽕밭을 가꾸어 누에를 치는 농가가 있는지 잘 모르겠지만 옛날에는 양잠은 아주 중요한 농사일 중의 하나였다. 누에가 커 갈수록 뽕을 먹는 속도도 빨라져 넉잠이 지나면 정신없이 먹어치워 늘 뽕이 부족하기 마련이다. 그때가 되면 뽕밭은 사람 키를 덮어 밖에서는 전혀 들여다보이지 않는다. 사람이 뽕밭에 들어가 있어도 바람에 뽕잎이 흔들리는 것같이 보인다. 그래서 뽕밭은 처녀 총각들의 은밀한 데이트 장소가 된다.

이 시는 그 시절을 그리고 있다. 먼 과거로 돌아가 있는 것이다. 꿈같은 이야기다. 어쩌면 퇴행(退行)이다. 이 시에서의 퇴행은 현실로부터의 도피적인 정서를 반영하는데, 이는 현실 부정 인식의 작용이라 하겠다. 현실과 맞서 싸우기보다는 유년의 고향 언덕으로 돌아가 쉬고 싶은 것이다. 안주하고 싶은 것이다. 이 또한 모태 회귀 본능이다.

이처럼 끊임없이 모태인 고향으로 돌아가고 싶은 서정은 자연스럽게 어머니에게로 향한다. 어머니야말로 우리 모두의 진정한 고향이 아닌가. 여기 시인의 어머니에 대한 시 한 편이 있다.

바깥출입도 어렵던 시절
청상과부 되어
홀로 거친 일 다 하시고
바구니에 담아도 될
밤톨만한 코흘리개들
아비 없는 자식으로 지천 받을까
배 굶길까 걱정의 나날 보내며
건강하고 반듯하게 커달라는
당당한 바람으로
한평생을 바쳤던 내 어머니

겨울밤도 서러운데

지아비를 콩 팔러 보낸 것마냥
시선들이 두려웠을 것
설움과 아픔 묻어둔 세월
내 형제들이 성장한 만큼
고운 몸매는 허리가 휘어지고
푸른 잎은 상강(霜降)되었으니
이 세상 끝까지

몇 번을 고쳐 죽는다 하여도
그 은혜는 어찌하리야

–「콩 팔러 보낸 것마냥」 전문

청상과부로 살아오신 어머니의 모습이 눈에 선하게 그려진다. "바구니에 담아도 될/ 밤톨만한 코흘리개" 어린 자식들을 "아비 없는 자식으로 지천 받을까/ 배 굶길까" 걱정을 하며 "건강하고 반듯하게" 키워 오신 어머니, 신고의 삶을 살아 오시면서도 아이들을 훌륭하게 키워내신 어머니의 힘은 어디서 나온 걸까. 아마도 그것은 젊은 나이에 먼저 간 지아비에 대한 사랑과 어미로서의 모성애 없이는 불가능했을 것이다. '푸르던 몸이 늙어 상강(霜降)'이 될 때까지의 신산고초를 무엇이라 말할 수 있을까.

그런 어머니의 고난과 역경을 지켜본 시인 아들은, 그것을 저녁이면 지아비가 아내와 아이들이 있는 집으로 돌아올 것이라고 믿는 어떤 기다림이라고 말하고 있다. 시인은 그런 어머니를 지아비를 장에 "콩 팔러 보낸 것마냥" 기다리며 살아왔다고 표현하고 있다. 어머니께서는 먼저 간 지아비를 장에 간 사람이 돌아오기를 기다리듯 평생을 살아오신 것이다.

여기에서 "팔러 보낸 것"이라는 말은 요즘 말로 '사러 보낸 것'을 의미한다. 지아비가 콩 자루를 지고 어두워진 논둑길을 걸어 사립문을 열고 들어오면 그 콩으로 밥을 해 먹고 두부도 해 먹고 비지로는 찌개도 끓여 먹을 것이다. 얼마나 행복한 기다림인가. 그러나 또 얼마나 가망 없는 기다림인가.

이런 시가 심오할 필요가 어디 있겠는가. 일찍 돌아가신 지아비를 장에 "콩 팔러 보낸 것마냥" 살아오신 어머니의 삶을 이렇게 곡진하게 표현했으면 됐지, 다른 말을 첨언해 무엇하겠는가.

몇 편의 시를 살펴보며 우리는 오점록 시가 고향과 유년에 대한 추억을 근거로 하고 있다는 것을 알게 되었다. 이 변화무쌍한 첨단 문명의 시대에 왜 오점록 시인은 아직도 자기가 낳고 자란 고향 아영(阿英)을 잊지 못하는가. 왜 그 옛날로 돌아가려 하는가. 왜 모태 회귀 본능을 보이는가. 사랑의 시편들도, 자연을 노래한 시편들도 큰 범주로는 모두 그렇다. 그것은 도시에서의 인간성 상실의 삶을 비판하는 것이다. 비록 몸은 여기에 있지만 마음은 언제나 순수에 가 닿으려는 인간성 회복의 희구(希求)이다.

유목 생활에서 부재한 고향은 오점록 시가 가고자 하는 시적 순수와 안식의 원형이다. 그 원형을 통해 복잡하고 고단한 도회의 삶을 극복하려는 시인의 연약한 서정적 몸부림이다.

어쩌면 그것은 불가능할지도 모른다. 아니 불가능하다. 불가능한 꿈은 환상이다. 환상은 이루어질 수 없는 신화다. 오점록 시는 우리에게 잃어버린 신화를 보여주고 있다. 고향이라는 순수의 원형을 통해 우리에게 잃어버린 서정의 회복을 외치고 있는 것이다.

시를 읽고 쓴다는 것은 무엇인가. 그의 시를 읽으면서 그가 왜 '농심(農心)' 이라는 호를 쓰고 있는지 다시 한 번 생각해보았다. 농사일은 농부의 땀과 하늘의 뜻으로 이루어진다. 여기에 어찌 거짓과 위선이 통할 수 있겠는가. 오직 농부의 부지런함과 비와 햇살과 바람의 조화가 있을 뿐이다. 그는 그런 농부의 마음으로 시를 쓴다.

여기 그의 시 한 편을 옮겨본다. 서시(序詩) 같은 이 시를 마지막으로 소개하는 것은 그의 시와 그의 삶이 어쩌면 앞으로도 '스스로 그러하리라(自然)' 생각하였기 때문이다.

그가 쓰고자 하는 시를 "담백한 산나물"로 비유한 그는 "그런 시 한 편 키우고 싶다"고 말한다. 시인은 왜 시를 '쓰고 싶다' 고 말하지 않고 "키우고 싶다"라고 말하고 있는 걸까. 눈치 빠른 독자들은 이미 미루어 짐작하고 있을 것이다. 그는 시를 쓰는 게 아니라 앞서 말한 대로 시를 "키우는" 농부이기 때문이다. 그의 시 「시 한 편」이다.

산나물은
속세를 부려놓고
바람과 비와 달을 벗 삼아
명주실 햇살을 받으며 자란다
사람에 오염되지 않은 곳
햇볕도
바람과 비도
오욕칠정이란 흔적 없이 살아온
담백한 산나물

티 없는 자연 속에 살찌워
씻지 않아도 먹음직하여 좋은
진한 향에 깊은 맛
건강한 약초 같은
그런 시 한 편 키우고 싶다

–「시 한 편」 전문

이 서평은 오점록 시인의 시를 읽고 느낀 점을 적은 감상문이라고 해야 할 것이다. 맨 처음 오점록 시인으로부터 해설을 써달라는 부탁을 받고 그럴 만한 자격이 없음을 이유로 여러 차례 사양하였다. 몇 번의 거절 끝에 허명(虛名)보다는 나를 가장 잘 아는 사람이 해설을 써주는 것이 더 좋겠다는 그의 뜻을 받아들여 아둔함을 무릅쓰고 용기를 냈다.

오점록 시인과는 십년지기다. 〈글수레〉라는 시 모임에서 만나 같이 활동하며 함께 시를 공부한 오랜 도반이며 친구이다. 같이 시를 이야기하고, 같이 술을 마시고, 같이 여행을 하고, 같이 아파하고, 같이 즐거워했다.

오점록 시인의 사슴 같은 눈망울을 떠올리며, 지리산 자락 아영(阿英)의 산바람 같은 맑은 시를 모아 두 번째 시집을 내는 형의 열정에 다시 한 번 경의와 축하를 보내며 앞으로 더 큰 시적 성취를 기원해본다. 어서 형과 만나 축하의 막걸리 잔이라도 기울여야겠다.

여기 맑은 영혼을 가진 또 하나의 마리오 히메네스가 지리산 자락 아영(阿英)에서 여러분들께 띄우는 풀꽃 편지가 있다. 담백한 산나물 같은 그의 청초한 시를 천천히 음미해보시라.